MANUAL DE ESTOICISMO

Diseño de colección: Manuel García Pallarés
Editorial EDAF, S. L. U.
Jorge Juan, 68. 28009 Madrid
http://www.edaf.net
edaf@edaf.net

Algaba Ediciones, S.A. de C.V.
Calle, 21, Poniente 3323, Colonia Belisario Domínguez
Puebla, 72180, México. Tfno.: 52 22 22 11 13 87
jaime.breton@edaf.com.mx

Edaciones y Distribuciones Edaf, SRL
Calle, Chile, 2222, PB
1227–Buenos Aires, Argentina
fernando@edafarg.net

Edaf Chile, S.A.
Huérfanos, 1178, Oficina 501
Santiago–Chile
comercialedafchile@edafchile.cl

14.ª edición, julio 2025

ISBN: 978-84-414-4103-3
Depósito legal: M-18400-2021

Impreso en España / Printed in Spain
Cofas, S.A.

Papel 100% procedente de bosques gestionados de acuerdos a criterios de sostenibilidad.

MANUAL DE ESTOICISMO

(Y DOS DIATRIBAS CONTRA EL ABUSO DE PODER)

EPICTETO

Prólogo, traducción y notas de
Óscar Martínez García

MADRID—MÉXICO—BUENOS AIRES—SANTIAGO
2025

Índice

Sobre Epicteto

Epicteto nació en Hierápolis, ciudad de la provincia romana de Frigia (en Asia Menor) hacia el año 50 d. C. En su niñez fue enviado como esclavo a Roma, donde recaló en manos de Epafrodito, liberto que ejercía como secretario de Nerón.

Recibió las enseñanzas filosóficas del maestro estoico Musonio Rufo y, tras tener que abandonar Roma a causa del destierro decretado por Domiciano en el año 89, fundó una escuela de filosofía en Nicópolis (en la costa noroccidental de Grecia) hacia el año 94. Allí fue visitado por el emperador Adriano y entre sus alumnos contó con el militar y polígrafo romano Arriano, quien puso por escrito, bajo el título de *Diatribaí*, las lecciones del filósofo. También redactó un compendio de la sabiduría estoica de su maestro que conocemos como *Manual* o *Enquiridión*.

Junto a Séneca y Marco Aurelio, Epicteto constituye la fuente esencial de la escuela estoica.

Epicteto y su tiempo
Cronología

«Todo problema tiene dos asas, una que lo hace llevadero y otra no llevadero. Si tu hermano es injusto contigo, no lo tomes por el lado de "es injusto" (pues esa es el asa que lo hace no llevadero); sino más bien por el de "es mi hermano", "nos hemos criado juntos", y así lo tomarás por el lado llevadero».

312 a. C. Una década después de la muerte de Aristóteles, llega a Atenas Zenón de Citio (hacia 334-262), el fundador de la escuela estoica.

262-230 a. C. Cleantes de Aso al frente de la Estoa.

230-206 a. C. Crisipo de Solos al frente de la Estoa.

155 a. C. Los dirigentes de las escuelas estoica, peripatética y de la Academia visitan Roma.

135-51 a. C. Vida de Posidonio, uno de los intelectuales más prestigiosos de su tiempo. Frecuentó la Estoa bajo la dirección de Panecio y fundó una escuela en Rodas a donde acudieron para visitarlo figuras como Cicerón (106-43).

129-110 a. C. Panecio de Rodas al frente de la Estoa.

86 a. C. El cónsul romano Lucio Cornelio Sila toma la ciudad de Atenas y clausura sus escuelas filosóficas.

4 a. C.-65 d. C. Vida de Lucio Anneo Séneca, quien fue preceptor de Nerón entre los años 49 y 62. Entre sus obras filosóficas (de corte estoico) destacan *Sobre la felicidad*, *Sobre la serenidad*, *Sobre la brevedad de la vida*, *Epístolas morales a Lucilio*, etc. También es autor de tragedias como *Edipo*, *Medea*, *Hércules furioso*, etc.

25-100 d. C. Vida de Musonio Rufo, filósofo estoico que impartió lecciones en la Roma de Nerón. Fue expulsado de Roma en el año 65, si bien regresó bajo el emperador Galba. Fue maestro de Epicteto.

50-134 d. C. Vida de Epicteto. Fue contemporáneo joven de Séneca.

94 d. C. Epicteto funda su escuela en Nicópolis, a cuyas lecciones acudió el político, militar e historiador Arriano, quien puso por escrito sus enseñanzas.

121-180 d. C. Vida de Marco Aurelio, emperador romano (161-180). Contemporáneo joven de Epicteto. Aunque recibió enseñanzas filosóficas hacia el año 132 no está probado que acudiera a la escuela de Epicteto, sino que más bien profundizó en las enseñanzas estoicas con el filósofo Quinto Junio Rústico. Escribió un diario filosófico titulado *Meditaciones* (o *A sí mismo*).

176 d. C. Marco Aurelio establece cuatro cátedras de filosofía en Atenas, una de ellas estoica.

1547-1606 Vida de Justo Lipsio, humanista flamenco que escribió una serie de trabajos sobre filosofía estoica con el propósito de vincular su doctrina al cristianismo, creándose la corriente intelectual denominada neoestoicismo.

Prólogo:
El puñal del esclavo

La vida

Quizá por su condición de esclavo, las notas biográficas del filósofo Epicteto aparecen borrosas y apenas se puede insinuar unas fechas que delimiten cronológicamente su existencia, al margen de algún que otro dato corroborado por las referencias que figuran en las obras bajo su nombre: el *Encheirídion* (*Enquiridión*, según su transcripción al español, traducible como *Manual*) y las *Diatribaí* (título que se suele traducir por *Discursos* o *Disertaciones*). Quien acuda a las *Vidas y opiniones de los filósofos ilustres* de Diógenes Laercio solo encontrará allí mencionado a Epicteto en una escueta referencia en la que este tildaba de pornógrafo a Epicuro, fundador de la escuela que lleva su nombre, cuya teoría moral identifica el placer con el bien. Cuatro líneas son las que le dedica la enciclopedia bizantina del siglo x d. C. conocida como *Suda*, que, sumadas a los comentarios que el filósofo neoplatónico Simplicio hizo sobre el *Manual* en el vi d. C., sirven para apenas afirmar que antes de convertirse en un exponente máximo de la escuela filosófica estoica Epicteto había sido, efectivamente, un esclavo.

El esclavo

Nacido esclavo hacia el 50 d. C., o bien vendido por su familia en la niñez, Epicteto (nombre que significa "adquirido") pasó su infancia en la ciudad frigia de Hierápolis, en Asia Menor. Tempranamente saltó desde allí a Roma, donde recaló en manos de un amo singular: Epafrodito, liberto (esclavo liberado) y secretario de Nerón, al que asistió en su suicidio en el 68 d. C. según refiere Suetonio en *Vidas de los césares*[1]. Este poderoso liberto aparece ocasionalmente en las líneas de Epicteto bajo trazas ciertamente ambiguas (véase su comportamiento en el primero de los dos textos de las diatribas incluidos en este volumen), y es muy famosa –tanto como inverificable– una anécdota alusiva a la cojera de Epicteto. Según esta anécdota, mientras Epafrodito retorcía una pierna a su esclavo, este le advirtió serenamente que se la acabaría rompiendo; confirmada la rotura, Epicteto se limitó a hacer este apunte a su amo: «¿No te decía yo que me la ibas a romper?». Sin embargo, la *Suda* refiere que su proverbial cojera era debida a una afección reumática, y lo cierto es que fue el secretario del césar quien facilitó a Epicteto el acceso a una enseñanza filosófica, permitiéndole asistir a las lecciones de Musonio Rufo, el mayor representante de la escuela estoica del momento.

La Estoa

La corriente filosófica estoica había sido fundada en Atenas al amparo de la llamada *poikíle stóa* (o "pórtico decora-

---

[1] *(Nerón 49 y Domiciano 14).*

do"). En ese Pórtico o Estoa había comenzado a impartir sus enseñanzas Zenón de Citio hacia el 312 a. C., tomando el relevo a otras escuelas que, como la Academia y el Liceo, se habían centrado en las cuestiones de teoría política y de leyes de una época, la de la polis, que había quedado atrás. Corrientes como la estoica o la epicúrea ponían el foco de su interés en la ética y en el interior del ser humano, sin dejar por supuesto de lado el resto de aspectos (cosmológicos, físicos, metafísicos...) que cubría el estoicismo. Dicho de forma inevitablemente apresurada, la doctrina estoica sostenía que el universo (la naturaleza) está controlado por un logos identificado con la divinidad, y que todo lo que ocurre está de acuerdo con dicha razón divina, de manera que el hombre ha de aspirar a vivir en armonía con la naturaleza, aceptando que las cosas sucedan justo como suceden. Adicionalmente, en el hombre residiría cierta porción del fuego divino que igualaría a todos los seres humanos.

En este sentido, los conceptos de libertad y esclavitud dejaban de ser concebidos como una marca de estatus y pasaban al plano intelectual. Las enseñanzas de Musonio Rufo, por tanto, proporcionaban al joven esclavo un instrumento con el que conquistar su libertad, al menos en la esfera mental e interior. Sin duda, otro buen camino hacia la libertad –esta vez en la esfera exterior– era la manumisión, que Epicteto debió de recibir cuando ya era un notorio filósofo él mismo y se vio afectado por el bando de expulsión de filósofos y astrólogos que el senado de Domiciano decretó en el 89 d. C. (o en el 93 d. C.; la fecha es discutida).

El maestro

A partir de entonces hallamos a Epicteto en un cruce de caminos, en la ciudad que poco más de un siglo atrás había fundado Octavio Augusto para conmemorar su victoria sobre Marco Antonio en la batalla naval de Accio: Nicópolis, literalmente, la "ciudad de la victoria". En ese enclave de paso para los que iban de Roma a Oriente y de Oriente a Roma, Epicteto fundó una escuela a la que acudían los jóvenes nobles dispuestos a emprender un competitivo *cursus* en el campo militar o funcionarial; discípulos de mirada nueva y con ansias de filosofar, a quienes las lecciones de Epicteto armaban de una sabiduría práctica, siempre útil y siempre a mano; porque, al margen de los aspectos formales del currículum estoico (ética, física y lógica), la filosofía de Epicteto se concebía como un aprendizaje para dotar de un propósito a la existencia y aplicarlo en las acciones y relaciones personales, siendo la filosofía no un fin, sino un medio para conducirse en la vida. Junto a esos jóvenes, visitantes ocasionales de todo tipo y procedencia acudían al encuentro de quien ya se había convertido en un famoso maestro de sabiduría.

La lamparita

Respecto a la fama que llegó a alcanzar, es elocuente la anécdota que Luciano de Samosata relata en su opúsculo *Contra un bibliómano ignorante*, según la cual un hombre habría adquirido la lamparita de barro de Epicteto por tres mil dracmas (medio talento, es decir, un precio desorbitado). Esta lamparita sería, en teoría, aquella que el filósofo se compró después de que un ladrón le robara la que tenía de hierro, según cuenta el propio filósofo en el capítulo 18 del libro primero de sus diatribas (*No enfurecerse con los que se equivocan*). Supone Luciano, con la mordacidad que le caracteriza, que el rico comprador aspiraría a conseguir la sabiduría del sabio teniendo encendida la lamparita mientras dormía. Sin embargo, el saber de Epicteto nos ha llegado gracias a que uno de sus jóvenes discípulos puso por escrito —ya que el maestro no dejó obra publicada— parte de sus enseñanzas.

El discípulo

Es a Flavio Arriano, que asistió a su escuela durante un lapso aproximado de tres años, a quien debemos que las palabras que Epicteto pronunció hayan llegado a nuestras manos. Arriano de Nicomedia, destacado oficial del ejército romano, cónsul sufecto y legado en Bitinia en época del emperador Adriano, narró las campañas de Alejandro Magno bajo el título de *Anábasis de Alejandro*. Este título alude directamente a la *Anábasis* de Jenofonte, que, escritor y militar como Arriano, había redactado siglos atrás diversas obras sobre su maestro Sócrates. Y como ocurre con Jenofonte (que igualmente tuvo mayor proyección en su labor historiográfica), el servicio que Arriano prestó a la filosofía resulta valiosísimo al habernos transmitido uno de los mayores testimonios del pensamiento estoico, junto a las *Cartas* de Séneca y las *Meditaciones* de Marco Aurelio. Pero hay una diferencia clave respecto al papel desempeñado por Jenofonte: en la carta a un cierto Lucio Gelio que encabeza las *Diatribaí* en las ediciones modernas, Arriano afirma no haberlas redactado de forma elaborada (frente a la elaboración, se entiende, que Jenofonte y Platón habían obrado sobre las palabras de Sócrates): «Todo cuanto le oí decir —sostiene Arriano—, he tratado de escribirlo palabra por palabra lo mejor posible con la intención de preservar para mí en el futuro el recuerdo de su inteligencia y de su franqueza». Si esta carta es una misiva privada o bien un artificio literario es una cuestión debatida, pero lo que sí se acepta es que lo que nos ofrece Arriano no es una creación personal, sino las propias palabras de su maestro, con lo que se podría atribuir sin reparos la autoría tanto del *Manual* como de las diatribas a Epicteto. No obstante, hay estudiosos que otorgan su autoría a Arriano, como así hace M.C. Howatson en su *Oxford Companion to Classical Literature*[2].

Las diatribas

Según este mismo diccionario, la palabra *diatriba* era el nombre que recibía un breve discurso moral como los que elaboraban los filósofos cínicos y estoicos. Su vertiente y tono polémicos son los que otorgaron a la palabra su actual sentido de "invectiva", pero en origen estaba despojado de

---

[2] Traducción española coordinada por Antonio Guzmán Guerra: *Diccionario abreviado de la Literatura clásica*, Alianza Editorial, Madrid, 1999.

las agrias connotaciones de este término en las lenguas modernas. Sin embargo, la traducción del título de *Diatribaí* como *Disertaciones* o *Discursos* desorienta un tanto acerca del carácter de estas piezas. No se trataba en sentido estricto de discursos o disertaciones, sino de intervenciones que tenían lugar a continuación de una previa lección magistral sobre aspectos teóricos fundamentales de filosofía que el maestro exponía ante sus discípulos. Antes que un curso sistemático de sabiduría estoica, los cuatro libros de diatribas que nos han llegado —de los ocho que debieron de existir en origen— ofrecen el aire de una enseñanza activa en la que los oyentes podían participar, dando origen a un diálogo o un debate. En las dos piezas que se incluyen en este volumen (*Cómo actuar ante los tiranos* y *Contra los conflictivos y salvajes*, pertenecientes respectivamente a los capítulos 19 del libro primero y 5 del libro cuarto) se observa el carácter conversacional de las diatribas. En determinados momentos, la exposición puede dar pie a la intervención de otro participante y entonces se entabla un diálogo en el que unas veces el nuevo interlocutor es un anónimo conversador, otras veces un personaje histórico o mitológico, otras un representante de escuelas filosóficas rivales y otras el propio filósofo, que se desdobla para contestarse a sí mismo en un diálogo interior. Bajo la modalidad de diatriba, y a través de los ejemplos y situaciones planteados por el maestro, las principales cuestiones filosóficas encuentran un ámbito práctico de aplicación.

El timonel

Estas situaciones, extraídas de experiencias humanas universales y por tanto familiares para quien escucha o lee, convierten la obra de Epicteto en un texto accesible y la dotan de un valor intemporal, constituyendo además un recurso al que acudir en una particular circunstancia vital. La idea de la filosofía como timonel o guía para la vida (*philosophía bioû kybernétes*, según reza el lema de la prestigiosa sociedad académica estadounidense *Phi Beta Kappa*, dedicada a promover la excelencia en las Humanidades y las Ciencias) se desarrolló particularmente con el estoicismo, o, mejor dicho, con el rumbo que esta corriente tomó en manos de un esclavo como Epicteto y un emperador como Marco Aurelio, quien saludaba así a la mañana en sus *Meditaciones*:

«Al amanecer, repítete: me voy a encontrar con un entrometido, con un desagradecido, con un soberbio, con un falso, con un envidioso, con un insociable: esas cosas le suceden por su desconocimiento de los bienes y los males. Yo, que he comprendido la naturaleza del bien, que es bella, y la naturaleza del mal, que es fea, y la naturaleza de aquel que yerra, que es mi semejante, no por participar de una sangre y una semilla, sino de un intelecto que es parte de la divinidad, no puedo recibir daño de ninguno de ellos, pues nadie me hará caer en vergüenza, ni tampoco puedo encolerizarme con un semejante ni odiarlo; hemos nacido para una tarea común, como los pies, como las manos, como los párpados, como las filas de dientes superiores e inferiores.

Por ello, actuar unos en contra de otros es contrario a la naturaleza; y obrar en contra de la naturaleza es también indignarse y mostrar aversión»[3].

Tanto el hombre más poderoso de su tiempo como el esclavo de un antiguo esclavo empuñaron el timón del estoicismo para poner en perspectiva los aconteceres cotidianos, colocar las cosas en su adecuado contexto y aprender a encarar los reveses de la vida tal como se presentan. El estoicismo es quizá la corriente que en mayor medida nos hace entender la palabra *filosofía* en su sentido de "Fortaleza o serenidad de ánimo para soportar las vicisitudes de la vida" y "Manera de pensar o de ver las cosas"[4].

El legado

Epicteto y Marco Aurelio, a los que habría que añadir a Séneca —quien no en vano es el autor estoico cuya obra nos ha llegado de forma más completa y extensa— son los tres autores que conforman nuestra visión de la filosofía estoica. A pesar de que los tres vivieron a algunas centurias de distancia del momento en que esta escuela surgió y sentó sus bases, son sus obras, y no las de otros filósofos estoicos aún más lejanos, las que nos han llegado en exclusiva.

A ello debió de contribuir el hecho de que sus escritos se

---

[3] Marco Aurelio, *Meditaciones*, 2.1; trad. Jorge Cano Cuenca.
[4] Cf. *Diccionario de la lengua española*, s.v. Filosofía; acepciones 5 y 6.

centraron fundamentalmente en aspectos éticos, por lo que su pensamiento no padeció el eclipse al que los gigantes Platón y Aristóteles sometieron a los filósofos de esta y otras escuelas en el ámbito de la física y la metafísica en la Antigüedad Tardía y la Edad Media.

Otro factor que se señala a la hora de explicar la buena fortuna de esta tríada estoica es el hecho de que los tres estuvieron activos en la época fundacional del cristianismo (como indica la leyenda acerca de la correspondencia que Séneca mantuvo con San Pablo o la influencia que ejerció Epicteto en autores como Orígenes y San Agustín), lo que les llevaría a atravesar exitosamente el Medievo cristiano (cambiando, llegado el caso, el nombre de Sócrates por el de San Pablo en el *Manual*) y acabar floreciendo como referencias intelectuales en la Europa del Renacimiento para pensadores tan decisivos como Erasmo y Calvino. Es en este momento cuando Lipsio publicó los estudios sobre estoicismo antiguo que avivaron una corriente neoestoica, originándose las primeras traducciones a las lenguas vernáculas (por ejemplo, el mismísimo Quevedo versificó el *Enquiridión* en 1635, empleando para ello las traducciones previas de dos grandes humanistas: el Brocense y Gonzalo Correas).

La fortuna intelectual de esta corriente filosófica ha seguido intacta desde entonces y ha atravesado los siglos ejerciendo influencia sobre Pascal, Descartes, Thomas Jefferson o Henry David Thoreau, por poner unos pocos ejemplos. En nuestro tiempo ha servido de inspiración para nuevos enfoques psicoterapéuticos[5] consistentes en abordar frontalmente un trastorno emocional en lugar de bucear en sus orígenes, afrontándolo desde una reflexión sobre los propios valores, actitudes y elecciones vitales.

Es conocido, por otra parte, que durante el periodo de confinamiento por la pandemia de COVID-19 los títulos de y sobre filosofía estoica estuvieron entre los más demandados por los lectores. Con anterioridad ya se había venido proclamando desde los medios la vigencia del estoicismo como un apoyo para los tiempos adversos[6] y basta con visitar el archivo del blog *Modern Stoicism* para comprobar cómo la mirada estoica se puede posar en cualquier aspecto del mundo de hoy: *Una aproximación estoica al divorcio y a la separación de los hijos, ¿Debería un estoico moderno ser vegetariano?, Confesiones de un estoico hipocondriaco: estoicismo y cirugía mayor*, etc.

El prisionero

Un héroe de guerra estadounidense, el vicealmirante James Stockdale, ya había dejado constancia escrita en su *Thougths of a Philosophical Fighter Pilot* (Stanford, 1995) de cómo las enseñanzas estoicas de Epicteto podían con-

---

[5] Cf. D. Robertson, *The Philosophy of Cognitive-Behavioural Therapy (CBT): Stoic Philosophy as Rational and Cognitive Psichotherapy*, Londres, 2010.
[6] Cf, por ejemplo, G. Altares, «Para filósofos, esclavos y ejecutivos con estrés», *El País, Babelia* (28/04/2018).

vertirse en un instrumento de supervivencia no ya en el día a día sino en momentos extremadamente críticos; de cómo el hombre de acción, el hombre tecnológico, podía encontrar en las raíces de un hondo humanismo la clave de la supervivencia. Derribado mientras sobrevolaba Vietnam del Norte, Stockdale fue hecho prisionero y mantenido en cautividad entre los años 1965 y 1973. En su escrito, narra de qué manera la lectura del *Manual* que había llevado a cabo en sus años en la Universidad de Standford se hizo presente en su situación y le ayudó a sobrellevar psicológicamente su cautiverio: «No te empeñes en que las cosas sucedan como deseas, desea mejor que las cosas sucedan como suceden, y tu vida discurrirá apaciblemente» era alguno de los preceptos de aquel viejo filósofo cojo (tal era su propio estado en la prisión vietnamita) que al prisionero Stockdale le permitían permanecer mentalmente en pie.

El estoicismo —dirá luego en sus escritos— no es la última palabra, pero es un punto de partida, un instrumento que tener a mano; como una llave que abre a la mente la puerta de la libertad. O como cualquier otro instrumento. Pongamos que un puñal.

El puñal

En el *Enquiridión* o *Manual* la distancia entre la reflexión moral y su puesta en práctica se reduce aún más que en las diatribas. Aunque tradicionalmente se ha venido considerando un extracto elaborado por Arriano a partir de las *Diatribaí*, el *Enquiridión* no es ni un breviario, ni un mero manual de consulta, sino un instrumento de acción. Derivado de la palabra *cheír* ("mano"), *encheirídion* tiene el sentido de aquello que se ajusta a la mano: un manual, sí, pero también un puñal: «Se titula *Encheirídion* –aclara Simplicio– porque conviene tener siempre a mano y preparado para quien desea vivir bien. De hecho, el *encheirídion* militar es un arma que conviene tener siempre a mano». Con este último sentido es con el que usa el término, por ejemplo, Heródoto (*Historia* 1.12) al narrar la truculenta historia del asesinato de Candaules por parte de Giges para obtener el trono de Lidia.

Los 53 capítulos de variada extensión (del pequeño ensayo a la máxima sentenciosa) que contiene el *Manual* o *Enquiridión* conforman un instrumento afilado, profundo y certero, que alcanza de lleno a quien se detiene en su lectura. Una obra forjada en lengua griega por un antiguo esclavo de la Roma imperial que, hoy más que nunca, conviene tener a mano.

Sobre esta edición

El núcleo de este volumen es el *Manual*, pero lo he querido complementar con dos muestras de las *Diatribaí* para mostrar en acción un importante aspecto de la modalidad de enseñanza de Epicteto. Para darle unidad temática he escogido, de entre la infinidad de temas que abordan, dos diatribas que hacen referencia al abuso de poder, cuestión de lamentable intemporalidad. El contenido y el tono que emplea el filósofo es sencillo y directo, lo que propicia una cercanía natural con el lector. Hay, no obstante, en su escritura ciertos rasgos estilísticos que constituyen características esenciales de su obra y que en consecuencia he tratado de mantener. Con todo, la intención que preside esta traducción es la de dotar al texto en español de máxima legibilidad, para lo que, como en otras ocasiones, he recurrido como primera lectora y piedra de toque a Nuria Vallina Fernández-Montes, a quien expreso toda mi gratitud.

La edición de partida para esta traducción es la establecida por William A. Oldfather para la Loeb Classical Library en *Epictetus: Discourses, Fragments, Encheiridion*, 2. vols., Cambridge, Mass., Harvard University Press, 1925-1928.

MANUAL

1

De las cosas que existen, unas dependen de nosotros, otras no. De nosotros dependen el juicio de valor, la motivación, el deseo, la aversión y, en una palabra, todo cuanto es acción nuestra. No dependen de nosotros el cuerpo, las propiedades, la reputación, los cargos públicos ni, en una palabra, todo cuanto no es acción nuestra. Además, las cosas que dependen de nosotros son por naturaleza libres y carentes de impedimentos y obstáculos, mientras que las que no dependen de nosotros son débiles, serviles, llenas de impedimentos y ajenas. Recuerda, por tanto, que si consideras que las cosas serviles por naturaleza son libres y que las ajenas te son propias, te sentirás impotente, apenado y lleno de preocupación, y colmarás de reproches a los dioses y a los hombres. Pero si piensas que solo es tuyo lo que es tuyo y que lo que es ajeno es ajeno (como así es en realidad), nadie te coaccionará jamás, nadie te pondrá obstáculos, no reprocharás nada a nadie ni acusarás a ninguno; no harás nada contra tu voluntad, porque no te golpeará ningún daño.

Con tales aspiraciones, recuerda que para alcanzarlas no basta un esfuerzo moderado, sino que hay cosas a las que has de renunciar por completo, y aplazar otras de momento. Pero si deseas tener esas cosas y además aspiras a obtener cargos públicos y riquezas, es probable que no obtengas estos últimos por el hecho de ambicionar también las primeras; en cualquier caso, te quedarás sin alcanzar aquellas cosas que son las únicas que procuran libertad y felicidad.

Así que a partir de ahora acostúmbrate a contestar ante cada impresión[1] dolorosa: «Eres solo una impresión, en absoluto eres lo que aparentas». A continuación examínala y sométela a tu valoración de acuerdo con las reglas a tu disposición, siendo la primera y más importante de ellas la de si forma parte de las cosas que dependen de nosotros o de las que no dependen. En el caso de que forme parte de las que no dependen, ten a mano esta respuesta: «No me incumbe».

---

[1] La *phantasía* (término traducido habitualmente por "representación", pero para el que en este volumen se ha optado por "impresión") es aquella percepción que, llegando a través de los sentidos, queda impresa en nuestra mente.

2

Recuerda que el deseo promete la obtención de aquello que se desea, mientras que la aversión promete no encontrarse con aquello que se aborrece, y que quien no consigue el objeto de su deseo carece de suerte, mientras que el que se encuentra con aquello que aborrece corre mala suerte. Sin embargo, si de las cosas que dependen de ti, limitas tu aversión solo a las cosas contrarias a la naturaleza[2], no te encontrarás con nada de lo que aborreces, pero si sientes aversión hacia la enfermedad, hacia la muerte o hacia la pobreza, correrás mala suerte. Así que aparta tu aversión de todo aquello que no depende de nosotros y dirígela hacia las cosas contrarias a la naturaleza que sí dependen de nosotros. Para empezar suprime completamente todo deseo, ya que si sientes deseos de algo que no depende de nosotros, inevitablemente correrás mala suerte, y tampoco estarán a tu alcance las cosas que sí dependen de nosotros y a las que es bueno dirigir el deseo. Emplea tan solo la motivación y la desmotivación, pero levemente, con reserva y moderación.

---

[2] Expresión estoica *(tà parà phýsin)* que hace referencia a todo aquello que entra en conflicto con el bienestar del ser humano. El objetivo estoico es actuar conforme a la naturaleza *(katà phýsin;* expresión que será empleada en otros pasajes).

3

Por lo que respecta a todo lo que te resulta atractivo o de utilidad o te sea grato, acuérdate de repetirte qué es, empezando por las cosas más insignificantes. Si te gusta un jarrón, di: «Me gusta un jarrón», y si se rompe en pedazos no te supondrá una conmoción. Si besas a tu hijo o a tu mujer, repítete que estás besando a un ser humano, de modo que si se mueren no te supondrá una conmoción.

4

Cada vez que te dispongas a emprender una acción, recuérdate a ti mismo de qué tipo de acción se trata. Si sales a darte un baño, ten en cuenta lo que ocurre en los establecimientos de baño: que la gente salpica, empuja, insulta, roba. De este modo emprenderás tu acción con mayor seguridad si en ese mismo instante te dices: «Quiero darme un baño y que además mi voluntad esté en armonía con la naturaleza». Y haz lo mismo en cada acción. Porque así, si algo te impidiera darte el baño, tendrías a mano esta respuesta: «No quería solo eso, sino también que mi voluntad estuviera en armonía con la naturaleza; cosa que no lograré si me enfado por lo que está sucediendo».

5

No son las cosas las que preocupan a las personas, sino los juicios que se forman sobre las cosas. La muerte, por ejemplo, no es nada horrible (ya que, de lo contrario, así se lo habría parecido a Sócrates)[3], sino que es el juicio que hacemos sobre la muerte –considerarla horrible– lo que es horrible. Por consiguiente, cada vez que encontremos un impedimento y nos sintamos preocupados o tristes, no le echemos la culpa a nadie salvo a nosotros mismos, es decir, a nuestros propios juicios. Hacer responsables a otros cuando las cosas salen mal, es un comportamiento típico del que no ha comenzado su aprendizaje; el que lo ha iniciado se culpa a sí mismo; el que lo ha completado ni se echa la culpa a sí mismo ni se la echa a otro.

---

[3] En los diálogos platónicos *Apología de Sócrates* (que refiere el juicio en el que Sócrates fue condenado a muerte) y *Fedón* (donde el filósofo dialoga sobre el alma con sus allegados en la víspera de su muerte, que le llegará al amanecer a través del proverbial trago de cicuta), el filósofo exhibe su entereza y autodominio a la hora de afrontarla.

6

No te jactes de méritos ajenos. Si fuera tu caballo el que proclamara con orgullo: «Soy hermoso», sería aceptable. Pero cuando eres tú el que orgullosamente proclamas: «Tengo un hermoso caballo», que sepas que te estás jactando de las bondades de tu caballo. ¿Qué es tuyo, en realidad? El uso que haces de las impresiones. De modo que cuando en el uso de las impresiones te comportes en armonía con la naturaleza, solo entonces podrás mostrarte orgulloso, pues te estarás enorgulleciendo de un bien tuyo.

7

Como cuando en una travesía el barco echa el ancla y desembarcas para proveerte de agua, puede que te entretengas por el camino recogiendo algún insignificante crustáceo, alguna insignificante raíz; sin embargo, tienes que mantener tu atención puesta en el barco y girarte continuamente por si te llama el capitán; si te llama, tienes que deshacerte de todas esas cosas para que no te suban a bordo atado como el ganado. Lo mismo en la vida: si en lugar de una insignificante raíz y un insignificante crustáceo se te concede una esposa y un hijo, no habrá ningún problema; pero si el capitán te llama, corre hacia el barco dejando todo eso atrás sin tan siquiera volver la vista. Y si eres viejo, entonces no te alejes mucho del barco, no sea que no estés cuando te llame[4].

____

[4] Es decir, cuando la divinidad (el capitán) te inste a abandonar la vida.

8

No te empeñes en que las cosas sucedan como deseas, desea mejor que las cosas sucedan como suceden, y tu vida discurrirá apaciblemente.

9

La enfermedad es un impedimento para el cuerpo, no para la voluntad, a no ser que esta última así lo quiera. La cojera es un impedimento para la pierna, no para la voluntad. Repítete esto en cada situación que te sobrevenga, y descubrirás que es un impedimento para cualquier otra cosa, pero no para ti.

10

En cada situación que te sobrevenga, acuérdate de buscar dentro de ti mismo qué capacidades posees para manejarla. Si ves a un joven o una joven hermosos, descubrirás que la capacidad que se precisa es el autodominio. Si recae sobre ti una pesada carga, descubrirás que la resistencia. Si es un insulto, descubrirás que la paciencia. De modo que si te acostumbras a ello, no te sentirás arrastrado por las impresiones.

11

Nunca digas acerca de nada: «Lo he perdido», sino: «Lo he devuelto». ¿Se ha muerto tu hijo? Ha sido devuelto. ¿Se ha muerto tu esposa? Ha sido devuelta. «Me han robado las tierras». También esto ha sido devuelto. «Pero el que me las ha robado es un malhechor». ¿Y a ti qué más te da el medio por el que tu dador[5] te ha reclamado su devolución? Mientras te conceda tenerlo, cuida de ello como si fuera de otro, como los viajeros en un albergue.

---

[5] La divinidad, que concede a los seres humanos los bienes externos. Idea que repite, por ejemplo, Marco Aurelio: «Nada te pertenece realmente, incluso tu hijo, tu pequeño cuerpo…» (*Meditaciones*, 12.26; trad. Jorge Cano, Edaf, Madrid, 2020).

12

Si quieres progresar, deja a un lado este tipo de razonamientos: «Si descuido mis asuntos, no tendré una forma de sustento»; «Si no castigo a mi esclavo, se volverá un vago». Pero mejor morir de hambre, pero libre de pena y temores, que vivir en la abundancia pero atormentado. Y mejor que el muchacho sea un mal esclavo y no que tú seas un desgraciado. Así que comienza por las pequeñas cosas: se derrama un poco de aceite, te roban un poco de vino; entonces repítete a ti mismo: «Este es el precio de la tranquilidad, el precio de la paz interior». No hay nada gratis. Cuando llamas al esclavo, ten en cuenta que puede no oírte, o que, aunque sí que te oiga, no haga nada de lo que quieres. En cualquier caso, no se encuentra en tan buena situación como para que tu paz interior dependa de él.

13

Si quieres progresar, soporta que las circunstancias externas te granjeen una reputación de insensato e idiota; en absoluto pretendas parecer sabio. E incluso si hay quienes te consideran uno, desconfía de ti mismo, pues has de saber que no es fácil mantener tu voluntad en armonía con la naturaleza y a la vez ocuparte de las circunstancias externas. Por el contrario, si te ocupas de lo uno, tienes que despreocuparte inevitablemente de lo otro.

14

Si pretendes que tus hijos, tu mujer y tus amigos vivan por siempre, eres un idiota, ya que pretendes que dependa de ti lo que no depende de ti y que sean tuyas las cosas que son ajenas. Igualmente, si quieres que tu esclavo no cometa errores, eres un tonto, ya que pretendes que un fallo no sea un fallo, sino otra cosa. Pero si lo que quieres es no equivocarte a la hora de desear algo, eso sí que lo puedes lograr. Practica aquello que está en tus manos lograr. El dueño de alguien es aquel que tiene el poder de proporcionar o arrebatar a ese alguien lo que desea o no desea. Por consiguiente, aquel que quiera ser libre, que no desee nada y que no huya de nada que dependa de otros; de lo contrario, inevitablemente será un esclavo.

15

Recuerda que debes comportarte como en un banquete. La bandeja que va pasando llega hasta ti: extiende la mano y sírvete con moderación. Pasa de largo: no la detengas. Todavía no llega: no proyectes hacia algo lejano tu deseo, mejor espera a que llegue hasta ti. Lo mismo con tus hijos, con tu mujer, con los cargos públicos, la riqueza, y así un día serás un digno invitado de los dioses. Pero si ante las cosas que se presentan ante ti no solo no las tomas, sino que las ignoras, entonces no solo serás digno de compartir mesa con los dioses, sino también su poder. Actuando de este modo Diógenes[6], Heráclito[7] y otros como ellos fueron hombres divinos y merecidamente llamados así.

---

[6] Diógenes de Sinope (hacia 400 a. C.-328 a. C.) destacado filósofo, considerado fundador de la escuela cínica.

[7] Los manuscritos ofrecen el nombre de Heráclito, el célebre filósofo presocrático. Sin embargo, G. Boter (*The Encheiridion of Epictetus and Its Three Christian Adaptations*, Brill, Leiden, 1999) propone la lectura "Heracles", el famoso héroe, adoptado como modelo filosófico tanto por los filósofos cínicos como por los estoicos.

16

Cuando veas a alguien llorando de pena por la partida de un hijo o por la pérdida de sus posesiones, procura no dejarte arrastrar por la impresión de que esa persona lo está pasando mal por circunstancias externas. Por el contrario, ten enseguida a mano esta respuesta: «Lo que a él le afecta no es lo que ha sucedido (pues ese hecho no afecta a ningún otro), sino su juicio acerca de lo sucedido». No dudes en compartir de palabra su dolor, ni, si se da la circunstancia, en compartir sus lamentos, pero procura en todo caso no lamentarte también por dentro.

17

Recuerda que eres el actor de una obra que discurre como desea el director[8]: breve, si la quiere breve; larga, si la prefiere larga. Si quiere que interpretes a un mendigo, representa tu papel convincentemente; o a un cojo, o a un cargo público, o a un particular, pues ese es tu objetivo: interpretar bien el papel asignado. Adjudicarlo le corresponde a otro.

---

[8] El *didaskalós* (''director'') es la divinidad. La vida como obra teatral es una imagen recurrente en otros estoicos, como Marco Aurelio, que al final de sus *Meditaciones* escribe: «En la vida tres actos son una obra entera. El final lo pone aquel que entonces fue el causante de tu composición y ahora de tu disolución»; trad. Jorge Cano.

18

Cuando un cuervo lance graznidos de mal agüero, no te dejes arrastrar por la impresión; mejor establece enseguida la distinción dentro de ti y di: «Ninguna de estas señales va dirigida a mí, sino a este pobre cuerpo mío, o a mis escasas posesiones, o a mi pequeña reputación, o a mis hijos, o a mi mujer. Para mí todas las señales son favorables si así lo quiero, ya que, sea cual sea el desenlace, depende de mí sacar un beneficio de ello».

19

Puedes ser invencible si no entras en ninguna batalla de la que no dependa de ti salir vencedor. Cuando veas a alguien que goza de grandes honores, que es muy poderoso o que tiene una excelente reputación por otros motivos, no le consideres un hombre feliz dejándote arrastrar por la impresión, ya que si la esencia del bien reside en las cosas que dependen de nosotros, no hay lugar ni para la envidia ni para los celos. Por lo que a ti respecta, no querrás ser ni un pretor, ni un senador, ni un cónsul, sino un hombre libre. Y solo hay un camino para ello: el desprecio de lo que no depende de nosotros.

20

Recuerda que quien te trata mal no es ni el que te ofende ni el que te agrede, sino tu juicio acerca de que ellos te están tratando mal. Por tanto, cuando alguien te moleste, que sepas que es tu propio juicio quien realmente te molesta. Intenta, pues, de primeras, no dejarte arrastrar por la impresión. Tras una pausa y una vez transcurrido un tiempo, te será más fácil controlarte.

21

La muerte, el exilio y todas las cosas que te parecen horribles, ponlas cada día ante tus ojos –sobre todo la muerte–, y no albergarás jamás ningún sentimiento mezquino ni desearás nada en exceso.

22

Si tu anhelo es la filosofía, prepárate desde ahora para sufrir las risas y las burlas de la mayoría de la gente y para que digan: «¡De repente, se nos ha vuelto filósofo!», y también: «¿Por qué nos mira por encima del hombro?». Pero tú no los mires por encima del hombro; limítate a proceder como mejor te parezca, como alguien al que la divinidad le ha asignado ese lugar. Y recuerda que si te mantienes firme en tu posición, los que antes se reían de ti te admirarán más adelante, pero que si muestras debilidad ante ellos, se reirán de ti el doble.

23

Si alguna vez sucede que vuelves tu mirada hacia las cosas externas por querer congraciarte con alguien, que sepas que habrás echado a perder tus principios. Siente en todo momento la satisfacción de ser un filósofo, pero si además quieres que se te considere como tal, demuéstratelo a ti mismo y bastará con eso.

24

Que estos pensamientos no te preocupen: «Mi vida transcurrirá sin honores y no seré nadie en ningún lugar». Pues si carecer de honores es un mal, no puedes sumirte en ese mal por culpa de otro, como tampoco en la vergüenza. ¿Acaso es cosa tuya obtener un cargo público o que te inviten a un banquete? En absoluto. Entonces, ¿cómo puede eso ya constituir un deshonor? ¿Cómo puedes no ser nadie en ningún lugar si solo debes ser alguien en los asuntos que dependen de ti, y en ellos tienes la posibilidad de ser merecedor del máximo honor?

«¿Pero tus amigos se quedarán sin tu ayuda?». ¿Qué quiere decir «sin tu ayuda»? No recibirán una paga de tu parte, ni podrás convertirles en ciudadanos romanos, pero ¿quién te ha dicho que eso es algo que depende de nosotros, que no son asuntos ajenos? ¿Y quién puede dar a otro lo que ni él mismo posee?

«Consigue dinero, entonces», dirá alguno, «para que también nosotros lo tengamos». Si soy capaz de conseguirlo manteniéndome honrado, íntegro y generoso, enséñame el camino y lo conseguiré. Pero si lo que me pedís es que pierda mis bienes para que vosotros obtengáis cosas que no son bienes, mirad vosotros mismos hasta qué punto sois injustos y egoístas. ¿Qué preferís? ¿Dinero o un amigo íntegro y honrado? Entonces ayudadme a ello en vez de pedirme que lleve a cabo acciones que me hagan perder estos bienes.

«Pero mi patria —seguirá diciendo— se quedará sin ayuda en lo que de mí dependía». Una vez más: ¿cuál es esa ayuda? No tendrá pórticos ni baños públicos por tu culpa, ¿y qué? Tampoco recibe calzado por parte del herrero ni armas por la del zapatero: basta con que cada cual desempeñe su propio cometido. Si tú le procuras a tu patria otro ciudadano íntegro y honrado, ¿no le estás siendo de utilidad? «Sí». Por consiguiente, tú tampoco resultarías inútil para ella.

«¿Qué posición ocuparé en la ciudad?», insistirá. Aquella que te permita conservar al mismo tiempo tu honradez e integridad. Porque si queriendo prestar un servicio a tu ciudad pierdes estas cosas, ¿de qué utilidad le serías si acabas convertido en una persona indigna y poco de fiar?

25

¿Alguien ha sido elegido en tu lugar para un puesto de honor en una celebración o en una recepción, o para solicitarle un consejo? Si se trata de algo bueno, debes alegrarte de que le haya tocado, pero si se trata de algo malo, no te disgustes porque no te ha tocado a ti. Recuerda que, dado que no haces lo que otros para obtener esas cosas que no dependen de nosotros, no puedes exigir esas mismas cosas. ¿Cómo puede obtener las mismas ventajas el que no llama a las puertas de otros, ni se arrima a ellos, ni los halaga, que el que sí se dedica a hacerlo? Serías injusto y avaricioso si quisieras conseguir gratis esas cosas sin pagar el precio que piden por ellas.

¿Cuánto cuestan unas lechugas? Un óbolo más o menos. Pues bien; si uno paga el óbolo y se lleva las lechugas, pero tú, como no lo has pagado, no te las llevas, no pienses que tienes menos que el que se las ha llevado: él tiene las lechugas y tú tienes el óbolo que no te has gastado. Es el mismo caso de antes: ¿no has sido invitado a una celebración? Eso es porque no has pagado al anfitrión lo que vale la cena. El precio son halagos y atenciones; si te merece la pena, paga el precio que exige. Pero si no quieres pagar por ello y aun así quieres recibirlo, eres un avaricioso y un estúpido. ¿Acaso no tienes nada en lugar de la cena? Sí: el no tener que estar halagando a quien no quieres y no tener que aguantar ciertas situaciones a la entrada de su casa[9].

---

[9] Situaciones como las que se reflejan más adelante (*Manual* 33).

26

Es posible comprender el propósito de la naturaleza a partir de aquellas cosas en las que no nos diferenciamos unos de otros. Por ejemplo, cuando el esclavo de otro rompe una copa, enseguida estás preparado para decir: «Son cosas que pasan». Que sepas, pues, que cuando rompan la tuya debes comportarte exactamente como cuando se rompió la de otro. Aplica ahora esa conducta a situaciones más graves. Se ha muerto el hijo o la mujer de otro. Nadie habrá que no diga: «Es la condición humana». Sin embargo, cuando es el hijo de uno mismo el que muere, enseguida decimos: «¡Ay, desdichado de mí!». Deberíamos entonces recordar cuál fue nuestro sentimiento cuando nos enteramos de que esto mismo ocurrió a otros.

27

Al igual que no colocamos un blanco para errar el tiro, tampoco en el universo existe una naturaleza del mal.

28

Si alguien entregara tu cuerpo al primero que pasase, te pondrías furioso. Sin embargo, ¿no te da vergüenza entregar tu mente a cualquiera, de modo que, si te insulta, esta caiga presa de la angustia y la confusión?

29

En cada acción examina sus antecedentes y sus consecuencias y solo entonces procede a ella. De lo contrario, al principio la emprenderás con entusiasmo, porque no has considerado en absoluto los pasos siguientes, pero luego, en cuanto aparezcan algunas dificultades, renunciarás a ella vergonzosamente. ¿Quieres vencer en las Olimpíadas? Y yo, por los dioses, porque es extraordinario. Pero examina sus antecedentes y sus consecuencias y solo entonces emprende esa acción. Debes imponerte una disciplina, seguir una dieta estricta, privarte de dulces, entrenarte a la fuerza, en horarios preestablecidos, haga calor o haga frío, sin beber agua fresca ni vino según te apetezca y, en una palabra, debes entregarte a tu preparador como si fuera tu médico. Más tarde, en la competición deberás excavar para preparar el terreno, es posible que en un momento dado te disloques una muñeca, te tuerzas un tobillo, te tragues un puñado de tierra, te den algún fustazo y que, después de todo eso, caigas derrotado.

Una vez valoradas todas esas cuestiones, si aún lo deseas, lánzate a competir. De lo contrario, te estarás comportando como los niños, que unas veces juegan a los luchadores, otras a los gladiadores, otras a tocar la trompeta y finalmente a ser actores de tragedia. Del mismo modo también tú unas veces eres un atleta, otras un gladiador, luego un orador y finalmente un filósofo, sin hacer nada con toda tu alma, sino que imitas como un mono todo lo que ves y te sientes atraído por todas las cosas, una tras otra. De hecho, has llegado a ese punto sin una reflexión y sin haberlo meditado a fondo, sin un plan y conforme a un vano deseo.

Así es como algunos que, tras haber visto a un filósofo y haber oído a alguien hablar como habla Eufrates[10] (¿acaso hay alguien capaz de hablar como él?), quieren también ellos dedicarse a la filosofía. ¡Pero hombre!, piensa primero de qué asunto se trata y luego estudia tu propia naturaleza para ver si eres capaz de abordarlo. ¿Quieres dedicarte al pentatlón o a la lucha? Mira tus brazos, tus muslos, examina tus costados, pues la naturaleza de cada cual se adapta a cosas distintas. ¿Te crees que dedicándote a la filosofía podrás seguir haciendo las mismas cosas: comiendo de la misma manera, bebiendo de la misma manera y sintiéndote insatisfecho del mismo modo? Tendrás que padecer desvelos y fatigas, apartarte de tus allegados, verte despreciado por un esclavo, sufrir las burlas de aquellos con los que te encuentres, verte rebajado en todo: en rango, en poder, en derechos, en cada mínimo asunto. Piensa sobre ello si estás dispuesto a pagar el precio de todas esas cosas a cambio de la tranquilidad, la libertad y la paz interior; de lo contrario, ni te acerques; no hagas como los niños: ahora filósofo, luego recaudador de impuestos, des-

---

[10] Filósofo estoico contemporáneo de Epicteto; fue exiliado por Domiciano tras su decreto de expulsión de los filósofos en el año 89 (o 93) d. C. Plinio el Joven lo compara en sus cartas con Platón: «Sus argumentos son sutiles, sólidos, elegantes, e incluso frecuentemente reproduce esa elevación y amplitud de estilo propio de Platón»; cf. Plinio el Joven, *Cartas*, 1.10, trad. de Julián González Fernández, Gredos, Madrid, 2005.

pués orador y más tarde procurador del césar; cosas que desentonan entre sí. Tienes que ser una sola persona: o buena o mala. Tienes que cultivar o tu principio rector[11] o tus cuestiones externas; centrar tu atención en tu interior o en el exterior, es decir, ocupar el lugar del filósofo o el del hombre común.

---

[11] El *hegemonikón* ("principio rector") es la principal parte del alma, la que rige a la persona y autoriza su comportamiento.

30

Las acciones convenientes se miden generalmente sobre la base de las relaciones humanas. Tu padre: lo suyo es que te ocupes de él, ceder en todo, aguantarte si te insulta o te golpea. «¡Pero es un mal padre!». Ya, ¿pero es que por naturaleza te corresponde un buen padre? No, simplemente un padre. «Mi hermano me trata mal». Bien; ocupa tu lugar en tu relación con él y no mires lo que él hace, sino lo que tienes que hacer tú para que tu voluntad esté en armonía con la naturaleza. Así pues, nadie podrá dañarte si tú no quieres: sufrirás un daño solo si aceptas ser dañado. De este modo, si te acostumbras a observar las relaciones humanas a través de los vecinos, de los ciudadanos y de los pretores, descubrirás lo que es conveniente.

31

Que sepas que el punto fundamental sobre la devoción a los dioses es este: poseer rectas creencias acerca de ellos (que existen y que gobiernan bien y justamente el universo) y colocarte en disposición de obedecerles y aceptar todos los acontecimientos plegándote a ellos de buen grado, en el convencimiento de que son el resultado de la más alta inteligencia. De esta manera, nunca culparás ni acusarás a los dioses de que no se ocupan de ti. Sin embargo, esto solo podrá suceder si separas tu idea del bien y del mal de las cosas que no dependen de nosotros y la vinculas exclusivamente a las que dependen de nosotros. Porque si consideras que algo que no depende de nosotros es bueno o malo, es absolutamente inevitable que, cuando no obtengas lo que quieres y te encuentres con lo que no quieres, acabes culpando a los dioses y los detestes por ser los responsables.

De hecho, todo ser vivo tiende de forma natural a huir y alejarse tanto de aquello que le parece dañino como de sus causas, y a perseguir y admirar tanto lo que resulta beneficioso como sus causas. Es, pues, inconcebible que quien cree que está sufriendo un daño disfrute de lo que piensa que le está dañando, de la misma manera que es imposible que disfrute del propio daño. De ahí que el padre sea maldecido por el hijo cuando no comparte con él las cosas que al hijo le parecen bienes. Esto fue lo que convirtió a Polinices y a Eteocles en enemigos: la creencia de que el poder es un bien[12]. Por eso el campesino, por eso el marinero, por eso el comerciante y por eso los que han perdido a sus mujeres e hijos maldicen a los dioses. Porque allí donde reside el interés, allí está la devoción. De modo que aquel que se preocupa de encauzar sus deseos y sus aversiones como debe, también se está preocupando de su devoción en ese mismo instante. Es conveniente llevar a cabo las libaciones, los sacrificios y las ofrendas conforme a las costumbres de nuestros padres, con pureza, sin desgana ni descuido, sin mezquindad y sin alardes.

---

[12] Eteocles y Polinices son los hijos de Edipo, quien les entregó el reino de Tebas a condición de que se turnaran en el poder. El desacuerdo en los términos de la alternancia en el trono provocó que ambos se enfrentaran por mantenerse al frente de la ciudad. Este episodio mítico fue llevado a la escena por autores trágicos como Esquilo en sus *Siete contra Tebas* o Eurípides en *Fenicias*. También actúa de trasfondo de otras tragedias como la *Antígona* de Sófocles.

32

Cuando recurras a la adivinación, recuerda que no sabes lo que deparará el futuro (no en vano acudes al adivino para conocer eso mismo), pero que si eres filósofo habrás ido allí sabiendo qué sucederá. Si se trata, en efecto, de algo que no depende de nosotros, por fuerza no ha de tratarse ni de un bien ni de un mal. Por tanto, no te presentes ante el adivino con tu deseo o aversión a cuestas, sino sabedor de que todo lo que depare el futuro es indiferente[13] y no te concierne, y que sea lo que sea, podrás emplearlo para bien sin que nadie te lo impida.

Recurre, pues, con confianza a los dioses, como si se tratara de tus consejeros; y después, una vez recibido el consejo, recuerda a quiénes has tomado como consejeros y a quiénes estarás desobedeciendo si no les prestas oídos. Acércate a la adivinación del modo en que Sócrates juzgaba oportuno para aquellos casos en los que el objetivo de la consulta es conocer el desenlace, y en los que los medios para comprender el problema no vienen dados ni por la razón ni por ninguna otra arte. De modo que cuando tengas que afrontar un peligro a cuenta de un amigo o de la patria, no consultes con el adivino si hay que afrontar el peligro. Porque aunque el adivino te anuncie que los augu-

---

[13] Aquí Epicteto emplea el término técnico *adiáphoron*, que se aplica a experiencias que en sí no son ni buenas ni malas, pero que pueden serlo dependiendo de cómo las perciba la persona.

rios son desfavorables –señal evidente de muerte, mutilación de algún miembro del cuerpo, o destierro–, la razón sin embargo te exige que permanezcas igualmente al lado del amigo y que afrontes el peligro por tu patria. Por tanto, presta atención al más importante de los adivinos, Apolo Pitio, que expulsó de su templo a aquel que no acudió en socorro de su amigo cuando lo estaban asesinando[14].

---

[14] Apolo es el dios oracular por excelencia. Su advocación de Pitio hace referencia a su oráculo de Delfos, sede oracular cuyo nombre antiguo (así lo atestigua por ejemplo Homero) era Pito o Pitón. Este nombre se relaciona con la serpiente que, según la mitología, custodiaba el oráculo hasta que Apolo le dio muerte y ocupó sus funciones. El nombre quedó también preservado en la figura de la sacerdotisa que trasladaba los mensajes de Apolo: la Pitia. Como anotan muchos comentaristas, el sentido del pasaje es que no es necesario acudir a los adivinos cuando existe una obligación moral para actuar en un determinado sentido.

33

Establece desde este momento para ti mismo un carácter y un modelo de conducta que vayas a mantener tanto ante ti mismo como en tu relación con los demás.

Mantente principalmente en silencio y habla lo estrictamente justo y necesario. Esporádicamente, cuando lo requiera la ocasión, participa en la conversación, pero nunca sobre asuntos banales, como los combates de gladiadores, las carreras de caballos, los atletas, la comida o la bebida —los temas de siempre— y, sobre todo, jamás para criticar, elogiar o comparar a la gente. En la medida que te sea posible, conduce a tus compañeros a un punto de encuentro mediante tus palabras. Pero si te encuentras completamente solo entre extraños, guarda silencio.

No te rías mucho, ni por cualquier cosa, ni descontroladamente.

Niégate en redondo a prestar un juramento, si es posible, y si no, hasta donde permitan las circunstancias.

Evita los banquetes con personas ajenas a tu círculo y no familiarizadas con la filosofía; pero si en alguna ocasión se da esa circunstancia, pon buen cuidado en no incurrir en sus comportamientos ordinarios. Porque has de saber que si un compañero está sucio, inevitablemente acabará también ensuciándose el que se roce con él, por muy limpio que sea.

En lo relativo al cuerpo –la comida, la bebida, la ropa, la casa, los esclavos–, toma únicamente hasta donde necesites; desecha todo lo que está dirigido a la apariencia y el lujo.

En cuanto a las relaciones sexuales, antes del matrimonio has de mantenerte casto en la medida de lo posible; pero si te entregas a ellas, limítate a lo que es lícitamente aceptable. Desde luego no te muestres desdeñoso con quien las practica ni lo censures, ni vayas proclamando por todas partes tu abstinencia.

Si alguien te cuenta que otro cualquiera habla mal de ti, en lugar de defenderte de las habladurías, contesta: «Obviamente desconocía mis otros defectos, porque de lo contrario no habría mencionado solamente esos».

No es indispensable acudir asiduamente a los espectáculos. Pero si se presenta la ocasión, no muestres tu apoyo a nadie salvo a ti mismo, es decir, desea simplemente que el resultado y el vencedor sean los que son; de este modo no te verás decepcionado. Abstente absolutamente de gritar y de reírte por cualquier cosa, o de dejarte llevar demasiado por la excitación. Y una vez que te hayas marchado, no gastes muchas palabras en comentar lo ocurrido y limítate a comentarios que contribuyan a tu mejora personal, porque, si no, daría la impresión de que el espectáculo te ha fascinado.

No te presentes ni deliberadamente ni por casualidad en las lecturas púbicas de unos o de otros; pero si te presentas, mantén tu compostura y firmeza a la vez que un trato correcto.

Cuando vayas al encuentro de alguien, especialmente de personas consideradas importantes, pregúntate a ti mismo lo que hubieran hecho en tal caso Sócrates o Zenón[15] y no tendrás dificultad en manejar convenientemente la situación que sobrevenga. Cuando visites a alguien muy poderoso, ponte en el supuesto de que no lo encontrarás en casa, que te cerrarán el paso, que te darán con la puerta en las narices, que no te atenderá. Pero si a pesar de todo tienes la obligación de ir, ve y aguanta lo que pase sin decirte en ningún momento a ti mismo: «No merecía la pena»; pues esta es la reacción de un hombre común y corriente, de alguien al que le afectan las cosas externas.

En las conversaciones evita rememorar continua y exageradamente tus propias acciones y aventuras. Pues así como a ti te resulta agradable evocar tus aventuras, a los demás no les resulta tan grato escuchar lo que te ha sucedido. Evita también hacerte el gracioso; es, en efecto, una resbaladiza actitud que puede desembocar en la vulgaridad y que basta para empeorar el concepto que tus allegados tienen de ti. También existe el peligro de ponerse a hacer comentarios obscenos. Por eso, cuando suceda algo de este tipo, si la ocasión es propicia, recrimínaselo al que lo haga; si no lo es, pon de manifiesto tu enfado por su lenguaje permaneciendo en silencio, con tu rostro enrojecido y una expresión de fastidio.

---

[15] Para Zenón, cf. Prólogo.

34

Cuando recibas la impresión de una forma cualquiera de placer, pon cuidado (como con el resto de impresiones) en no dejarte arrastrar por ella; que el asunto espere y concédete un respiro. A continuación, dirige tu mente a estos dos momentos: un primer momento en el que estarás disfrutando del placer, y un segundo momento en el que, una vez disfrutado, luego te arrepentirás y te cubrirás de improperios a ti mismo. Compara estos dos momentos con la alegría que experimentarás si te abstienes y cómo te felicitarás a ti mismo. Pero si te parece que es la ocasión perfecta para llevar a cabo la acción, estate atento a no dejarte vencer por su encanto, dulzura y seducción. Cuánto mejor es, en contraposición a eso, ser consciente de la victoria que has logrado.

35

Cuando, una vez que hayas decidido que hay que hacer una cosa, la hagas, nunca trates de evitar ser visto haciéndola, aunque la mayoría de la gente vaya a tener una consideración distinta a la tuya sobre ella. No en vano, si vas a obrar incorrectamente, evita la acción propiamente dicha; pero si vas a obrar correctamente, ¿por qué temes que te critiquen incorrectamente?

36

Al igual que «es de día» y «es de noche» tienen plena validez para formar una proposición disyuntiva[16], pero carecen de validez en una proposición conjuntiva[17], también escoger la ración más grande tendrá validez para el cuerpo, pero carecerá de validez de cara al espíritu de convivencia que se ha de mantener en un banquete. Por lo tanto, cuando vayas a comer con otro, recuerda no solo observar la validez de lo que te ofrecen para el cuerpo, sino también guardar el debido respeto a quien te invita.

---

[16] Es decir: o es de día, o es de noche.
[17] Es decir: es de día y es de noche.

37

Si asumes un papel que va más allá de tus capacidades, no solo pierdes el decoro con él, sino que además dejas de lado el que sí eras capaz de desempeñar.

38

Igual que al pasear pones cuidado en no pisar un clavo o en no torcerte el tobillo, pon también cuidado en no dañar tu principio rector. Si cuidamos de él en cada acción, la emprenderemos con mayor seguridad.

39

El cuerpo de cada cual es la medida de sus posesiones, así como el pie lo es de su calzado. Por lo tanto, si te atienes a esto, mantendrás la medida; pero si te pasas, forzosamente acabarás siendo arrastrado como por un precipicio. Lo mismo en el caso del calzado: si vas más allá de la necesidad de tu pie, primero será un zapato dorado, luego de púrpura, luego adornado con ricos bordados. Pues, una vez que has traspasado la línea, ya no hay límite alguno.

40

En cuanto las mujeres cumplen catorce años, los hombres las llaman "señoras". De modo que al ver que no tienen ninguna otra perspectiva que la de únicamente ser sus compañeras de lecho, comienzan a acicalarse depositando en ello todas sus esperanzas. Merece la pena hacerles entender que para que sean respetables basta con que se muestren modestas y recatadas.

41

Es señal de escasas dotes naturales dedicar un tiempo excesivo a cuestiones de orden físico tales como hacer mucho ejercicio, comer mucho, beber mucho, o emplear excesivo tiempo en evacuar el vientre o copular. Actividades que han de quedar en un segundo plano: toda la atención ha de estar centrada en la mente.

42

Cuando alguien te hace mal o habla mal de ti, recuerda que lo hace y lo dice convencido de que es lo que corresponde. Es imposible que se deje guiar por lo que tú opinas, sino por lo que opina él, de modo que si lo que opina está mal, el que sufre un daño es él, que es el que se equivoca. De hecho, si alguien toma por falsa una proposición conjuntiva que es verdadera, quien sufre el daño no es la proposición, sino el que se equivoca. Partiendo de estos presupuestos, te dirigirás al que te insulte movido por la indulgencia. De hecho, repítete esto cada vez: «Es su opinión».

43

Todo problema tiene dos asas, una que lo hace llevadero y otra no llevadero. Si tu hermano es injusto contigo, no lo tomes por el lado de «es injusto» (pues esa es el asa que lo hace no llevadero); sino más bien por el de «es mi hermano», «nos hemos criado juntos», y así lo tomarás por el lado llevadero.

44

Estos razonamientos son incongruentes: «Soy más rico que tú, luego soy superior a ti»; «Soy más elocuente que tú, luego soy superior a ti». Estos otros son más congruentes: «Soy más rico que tú, luego mis posesiones son superiores a las tuyas»; «Soy más elocuente que tú, luego mi elocuencia es superior a la tuya». Pero tú no eres ni posesión ni elocuencia.

45

Alguien se lava deprisa; no digas que se lava "mal", sino "deprisa". Otro bebe mucho vino; no digas que bebe "mal", sino "mucho". Porque antes de conocer sus razones, ¿cómo sabes que lo hace mal? Así no te ocurrirá que, recibiendo una impresión inequívoca de una cosa, des, en cambio, tu asentimiento[18] a otra distinta.

---

[18] El "asentimiento" (término técnico: *synkatáthesis*) es la aceptación de una impresión o idea como verdadera o válida.

46

Nunca te definas a ti mismo como filósofo ni charles en general entre la gente corriente sobre tus principios filosóficos; haz simplemente lo que se deriva de estos principios: por ejemplo, en un banquete no digas cómo se debe comer, sino come como se debe. Recuerda, en efecto, que Sócrates se había despojado hasta tal punto de toda forma de ostentación, que se dirigían a él con la intención de que les pusiera en contacto con filósofos, y él los llevaba a su encuentro. Hasta tal punto aceptaba no ser considerado uno de ellos. Si estando entre gente corriente la conversación recae sobre algún tema filosófico, guarda silencio por lo general, ya que existe un gran riesgo de que regurgites en ese instante lo que todavía no has digerido. Y cuando alguien te diga que no sabes nada y tú no sientas una quemazón, que sepas entonces que acabas de iniciar tu labor filosófica. El hecho es que las ovejas no regurgitan el forraje a los pastores para mostrarles cuánto han comido, sino que, una vez que han digerido por dentro la hierba, sacan hacia fuera la lana y la leche. Así pues, tampoco tú exhibas tus principios filosóficos ante la gente corriente, sino el resultado de su digestión.

47

Cuando hayas acostumbrado tu cuerpo a un estilo de vida frugal, no te jactes de ello, y si solo bebes agua, no vayas proclamando por todas partes que solo bebes agua. Y si alguna vez quieres entrenar tu capacidad de resistencia, hazlo para ti y no de cara a los demás: no abraces estatuas[19]; por el contrario, si alguna vez estás extremadamente sediento, prueba un sorbo de agua fría y luego escúpela, pero no se lo digas a nadie.

---

[19] Referencia a una práctica atribuida al filósofo cínico Diógenes de Sinope por Diógenes Laercio en su *Vidas y opiniones de los filósofos ilustres* (6.23): «Durante el verano se echaba a rodar sobre la arena ardiente, mientras en invierno abrazaba a las estatuas heladas por la nieve, acostumbrándose a todos los rigores»; trad. de Carlos García Gual, Alianza Editorial, Madrid, 2007.

48

Condición y carácter del hombre corriente: jamás espera de sí mismo beneficio o daño, sino de causas externas. Condición y carácter del filósofo: espera de sí mismo todo beneficio y todo daño.

Señales de quien hace progresos: no critica a nadie, no elogia a nadie, no hace reproches a nadie, no acusa a nadie, no habla de sí mismo como si fuera importante o poseyera algún conocimiento. Ante un impedimento u obstáculo, se responsabiliza a sí mismo. Si alguien lo elogia, se ríe para sus adentros del que lo elogia; si alguien lo critica, no se defiende. Se comporta como los convalecientes, poniendo buen cuidado en no mover el miembro que se está curando hasta que no esté bien restablecido. Ha desterrado de sí todo deseo, y ha trasladado su aversión solo a las cosas que, dependiendo de nosotros, no están en armonía con la naturaleza. Respecto a todo, hace un uso moderado de su motivación. Si parece un idiota o un ignorante, no le preocupa. En una palabra: se mantiene en guardia de sí mismo como si de un enemigo al acecho se tratase.

49

Cuando una persona presume de ser capaz de entender y explicar los libros de Crisipo[20], dite a ti mismo: «Si Crisipo no hubiera escrito en un estilo tan oscuro, esa persona no tendría nada de lo que enorgullecerse». ¿Pero qué quiero yo? Comprender la naturaleza y seguirla. Por tanto, busco quien la interprete para mí; y oyendo que esa persona es Crisipo, acudo a él. Sin embargo, no entiendo sus escritos, por lo que busco quien me los interprete. Hasta aquí, nada hay de lo que sentirse orgulloso. Pero cuando encuentro un intérprete, todavía me queda poner en práctica las enseñanzas extraídas: ese es el único motivo de orgullo. Si solo voy a valorar el mero hecho de la interpretación, ¿qué otra cosa habré logrado que convertirme en un gramático en vez de en un filósofo? Con la salvedad de que interpreto a Crisipo en lugar de a Homero. Así que, cada vez que alguien me diga: «Coméntame alguna lectura de Crisipo», me sonrojaré en vez de sentir orgullo al no ser capaz de mostrar que mis acciones encajan y están en consonancia con sus palabras.

---

[20] Crisipo de Solos (hacia 282-206 a. C.) estuvo al frente de la escuela estoica, ejerciendo una importante labor de sistematización del pensamiento estoico. Según Diógenes Laercio (cf. *Vidas y opiniones de los filósofos ilustres* 7.180), escribió más de setecientos cinco libros, empleando un estilo prolijo y plagado de citas.

50

En todas las cosas que te propongas, atente a ellas como si fueran leyes, como si transgredirlas fuese una impiedad. Pero a lo que alguien diga de ti, no le prestes atención, pues eso ya no es cosa tuya.

51

¿Cuánto tiempo vas a tardar todavía en considerarte digno de lo mejor y en dejar de desatender el discernimiento que la razón impone? Has recibido los principios filosóficos que debías aceptar y los has aceptado. ¿Qué maestro esperas ahora para encargarle la misión de mejora personal que te corresponde a ti? Ya no eres un muchacho, sino un hombre adulto. Si ahora te entregas a la desidia y a la pereza, y pasas de un propósito a otro, y pospones día tras día el momento en que comenzarás a ocuparte de ti mismo, no te darás cuenta de que no haces ningún progreso personal, sino que continuarás siendo un hombre corriente toda tu vida hasta la muerte. Por tanto, considérate desde ya digno de vivir como un adulto en la vía del progreso personal; y que todo lo que te parece mejor sea para ti una ley inviolable. Y si se presenta ante ti algo que te reporte fatigas o placer, u honor o deshonor, recuerda que ha llegado el momento de la competición, que las Olimpíadas están ahí y que ya no es posible demorarlo más, y que en un solo día y en una sola acción pones en juego la ruina o la salvación de tu progreso personal. Así es como Sócrates llegó a ser quien fue, no atendiendo a ninguna otra cosa que no fuera la razón en todo aquello que se presentó ante él. Y tú, aunque todavía no eres Sócrates, debes vivir como si desearas ser Sócrates.

52

El primer y más necesario campo de la filosofía es la aplicación de sus principios; por ejemplo, el de no mentir. El segundo se ocupa de las demostraciones; por ejemplo: ¿por qué no se debe mentir? El tercero se ocupa de confirmar y analizar los dos primeros; por ejemplo: ¿por qué esto es una demostración?, ¿qué es una demostración?, ¿qué es una consecuencia lógica?, ¿qué es una contradicción?, ¿qué es lo verdadero?, ¿qué es lo falso? Por lo tanto, el tercer campo es necesario a causa del segundo, y el segundo a causa del primero; pero el más necesario y en el que debemos detenernos es el primero. Sin embargo, nosotros hacemos lo contrario: nos entretenemos en el tercer campo y dedicamos a él todo nuestro esfuerzo, despreocupándonos por completo del primero. El resultado es que mentimos, a pesar de tener perfectamente a mano la demostración de que no se debe mentir.

53

En toda ocasión hay que tener esto a mano[21]:

Guíame, Zeus, y también tú, Destino, allí donde me tenéis asignado, que os seguiré sin dudarlo; y aunque yo no lo quiera, siendo como soy un malvado, no menos seguiré vuestros pasos.

Quienquiera que a la necesidad se ha plegado noblemente, a nuestros ojos es sabio y conocedor de lo divino.

Bien, Critón: si así les place a los dioses, que así sea.

Ánito y Meleto me pueden dar muerte, pero no hacerme daño.

---

[21] La primera de las citas corresponde a versos del filósofo estoico Cleantes de Aso, sucesor de Zenón al frente de la Estoa. La segunda a un fragmento de una tragedia perdida de Eurípides. La tercera y la cuarta corresponden a Platón y están puestas en boca de Sócrates; cf. *Critón* 43d y *Apología de Sócrates* 30c-d; ambas están en mayor o menor medida parafraseadas.

CÓMO ACTUAR ANTE LOS TIRANOS

Si alguien se ve en una situación de superioridad, o le parece que lo está, aunque no lo esté, es totalmente inevitable que, en el caso de que no posea una formación, se vuelva soberbio por ello. En ese instante el tirano dice:

—Soy el más poderoso de todos.

—¿Y qué puedes ofrecerme? ¿Puedes garantizarme que mi deseo esté libre de trabas? ¿Cómo? ¿Eres capaz? ¿Puedes garantizarme que mi aversión no caerá en lo que quiere evitar? ¿Eres capaz? ¿O que mi motivación sea infalible? ¿Dónde participas tú en esto? Sigamos: en un barco, ¿confías más en ti mismo que en un experto? En un carro, ¿confías más en otro que en un experto? ¿Qué ocurre con el resto de saberes técnicos? Exactamente lo mismo. ¿De qué eres capaz entonces?

—Todos cuidan de mí.

—También yo cuido de mi plato, y lo lavo y lo seco, y pongo un clavo para el frasco del aceite. ¿Y qué? ¿Son esos objetos más poderosos que yo? No, pero me prestan un servicio y por eso cuido de ellos. Otro ejemplo: ¿no cuido del burro? ¿No le limpio las pezuñas? ¿No le paso la rascadera? ¿No te das cuenta de que todos los seres humanos cuidan de sí mismos, pero a ti te cuidan igual que a un burro? Porque, ¿quién te cuida en tanto que ser humano? Muéstramelo. ¿Quién quiere convertirse en alguien como tú? ¿Quién te sigue incondicionalmente como a Sócrates?

—Pero puedo cortarte la cabeza.

—Dices bien. Se me olvidaba que hay que tener cuidado contigo como con la fiebre y el cólera y levantarte un altar, como el altar de la Fiebre[1] que hay en Roma.

¿Qué es, pues, lo que preocupa y llena de confusión a la multitud? ¿El tirano y sus esbirros? ¿Cómo? Nada de eso. Lo que es libre por naturaleza no acepta verse preocupado o lleno de trabas por ninguna otra cosa salvo por sí mismo. Le preocupan sus propios juicios sobre las cosas. Así pues, cuando el tirano le dice a alguien: «Te voy a encadenar la pierna», el que tiene en estima su pierna le contesta: «No, ten piedad», pero el que tiene en más estima su propia voluntad le responde: «Si a ti te parece más provechoso, encadéname».

—¿No te importa?

—No, no me importa.

---

[1] La diosa Febris tenía tres templos en Roma; el más antiguo estaba en el Palatino.

—Te voy a demostrar que soy tu dueño.

¿Cómo lo harás? Zeus me ha hecho libre. ¿Te crees que iba a permitir que convirtieran en esclavo a su propio hijo? Eres dueño de mi cadáver: tómalo.

—De modo que cuando estés en mi presencia, ¿no tendrás cuidado conmigo?

—No: tendré cuidado conmigo. Pero si quieres que diga que también tendré cuidado contigo, te digo que tendré el mismo que tengo con mi cazuela.

Eso no es egoísmo, ya que así es la naturaleza del ser vivo: todo lo hace en su beneficio. Incluso el sol hace todo en su beneficio y, de hecho, hasta el propio Zeus. Ahora bien, cuando Zeus quiere ser Portador de la Lluvia y de los Frutos y padre de dioses y hombres, observa que no puede alcanzar tales acciones y tales títulos si no es útil para el bien común[2]. En términos generales, concedió al animal racional una naturaleza que no pudiera obtener ningún bien personal a no ser que contribuyera con algo al interés común. De este modo, ya no resulta una actitud asocial hacer todo en beneficio propio. Porque, ¿qué te esperas?, ¿que alguien renuncie a sí mismo y a su interés personal? Y en tal caso, ¿cómo iba a ser para todos los seres la apropiación de lo que les conviene un mismo y único principio?

---

[2] Dentro de la teología estoica los cuerpos celestes son divinidades, como Zeus, y estas actúan en beneficio de los seres vivos (a ello aluden los epítetos que aquí se aplican a Zeus: *Hyétios* y *Epikárpios*, portador de lluvia y de frutos respectivamente).

¿Qué pasa entonces? Que cuando las personas manejan opiniones absurdas acerca de cosas que van más allá de nuestra voluntad (como que esas cosas sean buenas o malas), resulta totalmente inevitable acabar cuidando de los tiranos. Y ojalá que solo de los tiranos y no de sus lacayos también. ¿Cómo puede un hombre volverse de pronto inteligente cuando el césar le pone a cargo de su orinal? De repente decimos: «¡Qué sensatamente me ha hablado Felición!». Cómo me gustaría que le sacaran del estercolero para que te pareciera de nuevo un insensato. Tenía Epafrodito un esclavo dedicado a remendar zapatos al que vendió porque era inútil. Luego por azar fue comprado por un miembro de la casa imperial y llegó a ser zapatero del césar: ¡no veas cómo lo reverenciaba Epafrodito! «¿Cómo anda mi buen Felición? Cuéntame, por favor». Luego, si alguien nos preguntaba: «¿Qué hace vuestro amo?»[3], le respondíamos: «Está negociando cierto asunto con Felición». ¿Pero acaso no lo había vendido por inútil? ¿Quién lo volvió inteligente de buenas a primeras? Esto es lo que significa valorar cosas distintas a las que están dentro del ámbito de nuestra voluntad.

«Se ha ganado el cargo de tribuno». Todos los que salen a su encuentro lo felicitan: uno le besa los ojos, otro el cuello, sus esclavos las manos. Va hacia su casa, se encuentra las lámparas encendidas. Sube al Capitolio, ofrece un sacrificio. Pero, ¿quién ha realizado alguna vez un sacrificio por haber orientado correctamente sus deseos, por tener una motivación en

---

[3] Es decir, Epafrodito, que fue amo de Epicteto; cf. Prólogo.

armonía con la naturaleza? No en vano entregamos nuestra gratitud a los dioses allí donde ponemos nuestro bien.

Hoy alguien charlaba conmigo sobre el sacerdocio de Augusto[4], y yo le decía:

—Hombre, olvídate del asunto; emplearás mucho esfuerzo para nada.

—Pero los que inscriben los gastos —dijo—, inscribirán también mi nombre.

—¿Es que piensas estar tú delante cuando los lean para decir: «Me tienen ahí inscrito»? Y aunque ahora pudieras estar presente ante todos, ¿qué pasará cuando estés muerto?

—Pues que mi nombre permanecerá ahí.

—Inscríbelo en una piedra y también permanecerá. Venga, ¿quién se va a acordar de ti fuera de Nicópolis?

—Pero llevaré puesta una corona de oro.

—Si alguna vez deseas una corona, toma una de rosas y póntela. Mostrarás un aspecto más digno.

---

[4] Augusto fue deificado tras su muerte en el 14 d. C. Su culto era especialmente señalado en Nicópolis, el lugar donde el emperador selló su victoria sobre Marco Antonio tras la batalla de Accio. Allí tuvo su escuela Epicteto y es donde tiene lugar esta conversación. El sacerdocio de Augusto comportaba grandes gastos.

CONTRA LOS CONFLICTIVOS Y SALVAJES

El hombre de bien no busca el conflicto ni permite que otro lo haga en la medida que dependa de él. Un ejemplo tanto de esto como de las demás cosas lo constituye entre nosotros la vida de Sócrates, que no solo evitó la pelea en toda ocasión él mismo, sino que tampoco permitió que otros se pelearan. Mira en el *Banquete* de Jenofonte cuántos conflictos resolvió[1]; cómo además contuvo a Trasímaco, a Polo, a Calicles[2], cómo soportaba a su mujer, y cómo a su hijo cuando este le replicaba empleando argu-

---

[1] Dos famosos discípulos de Sócrates, Platón y Jenofonte, compusieron sendas obras tituladas *Banquete*, que narran dos episodios distintos —y no dos versiones diferentes de un mismo encuentro— en los que su maestro comparte una velada con un puñado de aristócratas. En el de Jenofonte, sin abandonar el tono festivo del encuentro allí narrado (cuya conversación gira precisamente sobre lo que supone ser *kalòs kaì agathós*, "un hombre de bien"), algunos de los personajes sí que muestran por momentos un tono acre y hostil.

[2] Estas figuras aparecen respectivamente en la *República* (Trasímaco, que debate con Sócrates acerca del tema de la justicia) y en el diálogo *Gorgias* (Polo y Calicles, quienes defienden con actitud agresiva el derecho natural del fuerte de dominar al débil y procurarse la satisfacción ilimitada de sus deseos).

mentos sofistas[3]. No en vano, tenía bien fija en su mente la idea de que nadie es dueño del principio rector de otro, y por tanto no deseaba ninguna otra cosa que no fuera lo suyo propio. ¿Qué significa eso?. Que nadie debe tratar de que otros actúen[4] en armonía con la naturaleza, ya que eso nos es ajeno, sino que mientras que ellos se dedican a sus propios asuntos como mejor les parece, cada cual lleve y mantenga en no menor medida una forma de vida conforme a la naturaleza, haciendo exclusivamente lo que le atañe, con el objetivo de que aquellos actúen en armonía con la naturaleza. Ese, en efecto, es el objetivo que siempre persigue el hombre de bien. ¿Conseguir el pretorado[5]? No; pero si se le concede, mantener el propio principio rector en dicha circunstancia. ¿Casarse? No; pero si se le concede el matrimonio, mantenerse a sí mismo en armonía con la naturaleza en dicha circunstancia. Ahora bien: si pretende que su hijo o su mujer no se equivoquen, pretende que lo ajeno no le sea ajeno. Y he aquí lo que significa la educación: aprender lo que es propio y lo que es ajeno.

---

[3] Sobre Jantipa, la proverbial esposa de Sócrates, hay noticias en Jenofonte y en Diógenes Laercio. Jantipa aparece siempre perfilada como una mujer insoportable, que golpeaba a Sócrates en plena ágora. Cuando en el *Banquete* de Jenofonte, le preguntan a Sócrates por qué tolera a su esposa, el filósofo se limita a contestar que aguantarla es una forma de entrenamiento a la hora de tratar con personas incapaces de controlarse. Respecto a la mención a su hijo, se estima que debe de aludir a un pasaje de algún diálogo socrático que no ha llegado hasta nosotros, ya que en el pasaje al que se suele apelar como referencia (Jenofonte, *Recuerdos de Sócrates*, 2.2) es el filósofo quien refuta a su hijo.

[4] El texto presenta una laguna cuyo sentido general es este.

[5] Alta magistratura de carácter judicial, administrativa y militar.

¿Qué lugar hay ya para la pelea para quien es así? ¿A que a esa persona ya no le sorprende nada de lo que le suceda? ¿A que no le resulta novedoso? ¿A que no recibe de la gente ruin cosas peores y más perjudiciales que las que le suceden? ¿Acaso no cuenta como una ganancia que esa gente no consiga llevar a último término sus intenciones?

—El tipo aquel te insultó.

—Muy agradecido de que no me pegara.

—Pero es que sí que te pegó.

—Muy agradecido de que no me hiriera.

—Pero es que sí que te hirió.

—Muy agradecido de que no me matara.

¿Cuándo o de quién aprendió que es un ser pacífico, afectuoso, que el mayor daño para el que es injusto es su propia injusticia? Sin haber recibido ninguna enseñanza al respecto y sin que se le haya convencido de ello, ¿por qué no iba a seguir lo que le resulta una ventaja evidente?

—Mi vecino me ha tirado piedras.

—¿A que tú no has cometido ninguna falta?

—Pero destrozó lo que tenía en casa.

—¿Acaso eres una pieza de vajilla? No: eres voluntad de elección.

Por consiguiente, ¿qué medios se te han concedido para hacer frente a esta situación? Si pretendes actuar como un lobo, devuelve la dentellada tirándole tú aún más piedras; pero si buscas actuar como un ser humano, mira en tu despensa y observa con qué facultades viniste: ¿a que no trajiste contigo la bestialidad?, ¿a que tampoco el deseo de venganza? ¿Cuándo es, pues, un caballo desdichado? Cuando se ve privado de sus facultades naturales: no cuando no puede cantar, sino cuando no puede galopar. ¿Y el perro? ¿Cuando no puede volar? Más bien cuando no es capaz de seguir un rastro. ¿No ocurrirá entonces igualmente que el ser humano es desgraciado no cuando no es capaz de estrangular leones o abrazar estatuas[6] (pues nadie vino al mundo con unas facultades naturales para hacer frente a eso), sino cuando ha perdido su amabilidad, su lealtad? Por este tipo de persona es por quien tendríamos que *unirnos en un lamento, tantas son las desgracias a las que se abocó; no* —por Zeus— *por el que nace o muere*[7], sino por el que está vivo y le ha tocado perder lo que es propiamente suyo. No se trata de su patrimonio, su terruño, su casita, su albergue, sus pocos esclavos (pues nada de eso es propio del ser humano, sino que todo ello es ajeno, servil

---

[6] Alusión a Heracles, que estranguló al león de Nemea en una de sus proverbiales pruebas. Heracles, como ya se ha referido en una nota previa, fue adoptado como modelo por cínicos y estoicos. La práctica de abrazar estatuas heladas era una práctica atribuida a los filósofos cínicos; cf. nota a *Manual* 47. Se trata de acciones que van más allá de las facultades naturales de los hombres, como se dice a continuación.

[7] En cursiva una cita, ligeramente modificada, de un pasaje perteneciente a una obra perdida de Eurípides titulada *Cresfontes*.

y sujeto a unos amos que unas veces se lo conceden a unos y otras a otros), sino de sus facultades propiamente humanas, la impronta que trajo grabada en su mente cuando vino, semejantes a las que buscamos en las monedas y que, cuando las encontramos, aceptamos la moneda, pero que, cuando no las encontramos, la rechazamos: «¿De quién es la impronta que lleva ese sestercio? ¿De Trajano? Trae. ¿De Nerón? Tíralo; no vale, está fuera de curso»[8]. Lo mismo también aquí:

—¿Qué impronta tienen sus opiniones?

—Es pacífico, sociable, paciente, afectuoso.

—Venga, bienvenido. A ese lo convierto en ciudadano, lo acepto como mi vecino y como compañero de viaje.

—Mira solo que no lleve la impronta de Nerón. ¿Es proclive a la ira? ¿Colérico? ¿Un amargado?

—*Si le parece, golpeará las cabezas de los que se encuentre*[9].

Entonces, ¿por qué decías que es un ser humano? ¿A que no se juzga por su mero aspecto a ningún ser? Porque, de ser así, tendrías que decir que esa figura de cera es una manzana; sin embargo, es preciso que tenga también su

---

[8] Emperadores durante los años 54-68 d. C. (Nerón) y 98-117 d. C. (Trajano). Nada parece indicar que las monedas con la efigie de Nerón estuvieran fuera de curso, con lo que la aceptación o rechazo de las monedas tiene que ver más bien con la marca o carácter moral que se les atribuye a Nerón y Trajano respectivamente.

[9] Está citando a Suetonio a propósito de Nerón; cf. Suetonio, *Vidas de los césares: Nerón* 26.

olor y su sabor, porque no basta con su forma externa. Por lo tanto, no son suficientes la nariz y los ojos para decir que se trata de un ser humano, sino que ha de poseer un discernimiento propiamente humano. He aquí a uno que no atiende a razones, no entiende cuando le rebaten con argumentos: es un burro. He aquí a uno cuya humildad está gangrenada. Es un inútil, una oveja, cualquier cosa menos un ser humano. He aquí a uno que busca a alguien para cocearle y morderle cuando lo encuentre, de modo que no es ni una oveja ni un burro, sino una bestia salvaje.

—Entonces, ¿qué? ¿Pretendes que me desprecien?

—¿Quiénes? ¿Los inteligentes? ¿Cómo van a despreciar los inteligentes a una persona afable y humilde? ¿Los ignorantes? ¿Qué más te da? A todo experto en su materia le traen sin cuidado los inexpertos.

—Pero entonces se cebarán aún más conmigo.

—¿Por qué dices «conmigo»? ¿Puede alguien dañar tu voluntad o impedirte que hagas uso de forma natural de las impresiones que sobrevengan?

—No.

—Entonces, ¿por qué te preocupas y prefieres mostrarte asustado? ¿Por qué no das un paso al frente y proclamas que estás en paz con todo el mundo, al margen de lo que hagan, y que te divierten especialmente todas aquellas personas que creen que te hacen daño?: «Esos esclavos no saben ni quién soy ni dónde residen mi bondad y mi maldad. No tienen acceso a lo mío».

Así también se divierten los habitantes de una ciudad fortificada con sus asediadores: «Y ahora esos, ¿por qué se toman esta molestia para nada? Nuestra muralla es segura, tenemos provisiones para largo y todo el resto de suministros». Esas son las cosas que hacen fuerte e inexpugnable una ciudad, así como al alma del ser humano lo hace fuerte no otra cosa que su juicio. Porque, ¿qué muralla es tan poderosa, qué cuerpo tan inquebrantable, qué propiedad tan imposible de arrebatar, qué reputación tan libre de insidias? Todas las cosas en todas partes son perecederas y vulnerables; cualquiera que de algún modo tome afecto a alguna de ellas, aunque sea un poco, se sentirá inevitablemente preocupado, desesperanzado, presa del temor y el desconsuelo; sus deseos se verán frustrados y se dará de bruces con aquello que quería evitar. Por lo tanto, ¿no estamos deseosos de asegurar la única certeza que se nos ha concedido, de renunciar a las cosas perecederas y serviles y entregar nuestros esfuerzos a las cosas imperecederas y libres por naturaleza? ¿No nos acordamos de que nadie puede causar daño o hacer un beneficio a otro, sino que es el juicio de cada cual acerca de algo concreto lo que causa daño, destrucción, enfrentamiento, conflicto civil, guerra?

Lo que convirtió a Polinices y Eteocles[10] en enemigos mortales no fue otra cosa que su juicio acerca del poder y su juicio acerca del destierro: que este último era el peor de los males y que aquel primero era el mayor de los bienes.

---

[10] Véase nota a *Manual* 31 (p. 68).

Esa es la naturaleza de todo: ir en busca de lo bueno, huir de lo malo; y considerar a la persona que nos priva de lo primero y nos empuja a lo segundo un enemigo y un traidor, aunque sea un hermano, un hijo o un padre, porque no hay nada a lo que tengamos tanto apego como a lo bueno. En el caso de que estas cosas solo puedan ser o buenas o malas, ni un padre será querido por sus hijos, ni un hermano por su hermano, y todas las cosas en todo lugar estarán repletas de enemigos, de traidores, de delatores. Pero si la aplicación de nuestra voluntad a lo que es correcto, eso y solo eso, es lo bueno, y la aplicación de nuestra voluntad a lo que no es correcto, eso y solo eso, es lo malo, ¿dónde queda ya el enfrentamiento?, ¿dónde el insulto?, ¿a propósito de qué?, ¿sobre cosas que no significan nada para nosotros?, ¿contra quiénes?, ¿contra los ignorantes, contra los desgraciados, contra los que viven engañados sobre las cuestiones más importantes?

Teniendo estas cosas en mente, Sócrates vivía en su casa aguantando a una esposa absolutamente intratable y a un hijo insufrible. ¿Y hasta qué punto era intratable? Hasta el punto de verter sobre su cabeza toda el agua que quería o de pisotearle el pastel[11]. ¿Y a mí qué más me da si considero que estas cosas no tienen que ver conmigo? Adop-

---

[11] Incidentes que refieren diversos autores antiguos como Claudio Eliano, Séneca o Diógenes Laercio, quien apuntaba que Sócrates, una vez que Jantipa le arrojó agua, dijo que su esposa, después de tronar, llovía; cf. *Vidas y opiniones de los filósofos ilustres* 2.36. El pastel al que se alude era un regalo del famoso pupilo de Sócrates, Alcibíades, del que Jantipa, presuntamente, estaba celosa.

tar esta actitud es mi tarea y ni el tirano ni el amo me lo impedirá si yo así lo quiero, ni la mayoría al individuo, ni el más poderoso al más débil. Pues eso es algo que la divinidad concedió libre de trabas a cada uno. Esos juicios traen amor al hogar, concordia a la ciudad, a los pueblos paz, hacen al hombre agradecido a la divinidad y confiado en toda ocasión ante la idea de que se trata de cosas que le son ajenas y que no son de ningún valor. Sin embargo, aunque seamos capaces de escribir y leer estas cosas, así como de alabarlas una vez leídas, no estamos ni cerca de dejarnos convencer por ellas. De ahí que lo que se dice de los espartanos de que *en casa, leones, pero en Éfeso zorros*[12], también se ajustaría a nosotros: en la escuela leones, pero en casa zorros.

---

[12] Frase proverbial recogida con alguna ligera variación, por ejemplo, en Aristófanes (*Paz* 1189-1190) o Plutarco (*Vidas paralelas: Sila* 42.2). Alude a la capacidad militar de los espartanos dentro de su territorio, capacidad que, según se decía, perdían cuando salían de él.

Bibliografía

En los últimos años proliferan los estudios generales sobre estoicismo y en particular sobre su aplicación a la vida cotidiana, así como traducciones de los filósofos estoicos (en este mismo sello editorial, y como precursores de este mismo volumen, se pueden encontrar excelentes traducciones de Marco Aurelio y Séneca). Nos limitamos en este apartado a apuntar un puñado de títulos que permitan al lector interesado adentrarse en las obras de Epicteto. Son obras que en mayor o menor grado he tenido presente a la hora de llevar a cabo este volumen y con los que reconozco mi deuda.

a) Ediciones

Boter, G. J. *Epictetus: Encheiridion*, W. de Gruyter, Berlín-N. York, 2007.

Long, Anthony A. *Epictetus: Encheiridion and Selections from Discourses*, Princeton University Press, Princeton-Oxford, 2018 (reproduce la edición de Oldfather, señalando las ocasiones en las que sigue a Boter).

Oldfather, William A. *Epictetus: Discourses, Fragments, Encheiridion*, 2. vols., Harvard University Press, Cambridge, Mass., 1925-1928.

b) Algunas traducciones

Arroyo, Claudio. *Epicteto-Pierre Hadot: Manual para la vida feliz.* Errata Naturae, Madrid, 2015.

García de la Mora, José Manuel. *Epicteto: Enquiridión*, edición bilingüe, Anthropos Editorial, Barcelona, 2004[2] (contiene la versión en verso del Enquiridión de Francisco de Quevedo).

Hard, Robin. *Epictetus: Discourses, Fragments, Handbook (With an Introduction and Notes by Christopher Gill)*, Oxford University Press, Oxford, 2014.

Maltese, Enrico V. *Epitteto: Manuale. Con la versione latina di Angelo Poliziano e il volgarizzamento di Giacomo Leopardi*, Garzanti, Milán, 1990.

Ortiz García, Paloma. *Tabla de Cebes; Musonio Rufo: Disertaciones; Fragmentos menores; Epicteto: Manual; Fragmentos*, Editorial Gredos, Madrid, 1995.

–. *Epicteto: Disertaciones por Arriano*, Editorial Gredos, Madrid, 1993.

b) Algunos estudios generales sobre estoicismo

Inwood, Brad. *Stoicism. A very Short Introduction*, Oxford University Press, Oxford, 2018.

Pigliucci, Massimo. *Cómo ser un estoico*, trad. esp. de Francisco García Lorenzana, Editorial Ariel, Barcelona, 2018.

Pigliucci, Massimo y Lopez, Gregory. *Mi cuaderno estoico*, trad. esp. de Jorge Paredes, Barcelona, Editorial Ariel, 2019.

Sellars, John. *Lecciones de estoicismo*, trad. esp. de Abraham Gragera López, Taurus, Madrid, 2021.

Otros títulos de la colección

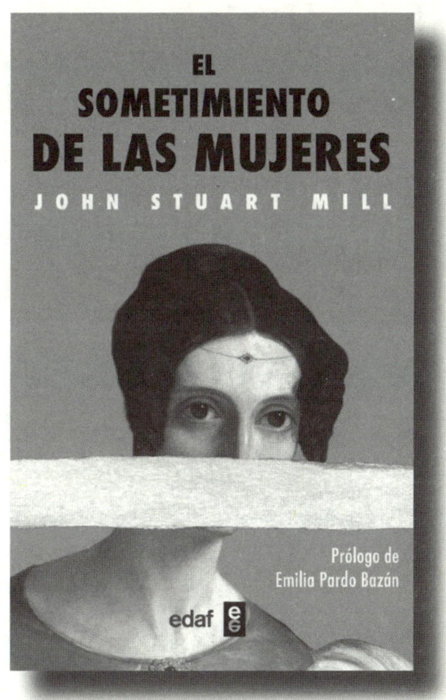

EL
SOMETIMIENTO
DE LAS MUJERES
JOHN STUART MILL
Prólogo de
Emilia Pardo Bazán
edaf

PLANILANDIA

E. A. ABBOTT

Una novela de muchas dimensiones......

por un Cuadrado

edaf

SOBRE LA
AMISTAD,
LA VIDA Y
LA MUERTE
SÉNECA
Sabiduría estoica para el lector actual
edaf

MEDITACIONES
MARCO AURELIO
Sabiduría estoica para el lector actual
edaf

SOBRE LA FELICIDAD

SOBRE LA BREVEDAD DE LA VIDA

SÉNECA

Sabiduría estoica para el lector actual

edaf